AF557980

Wundersames Welterbe

WUNDERSAMES WELTERBE

Österreich erkunden

FALTER VERLAG

Herausgeberin:
Österreichische UNESCO-Kommission
vertreten durch Patrizia Jankovic
Universitätsstraße 5/12, 1010 Wien
www.unesco.at

ISBN 978-3-85439-712-0

1011 Wien, Marc-Aurel-Straße 9
T: +43/1/536 60-0, F: +43/1/536 60-935
E: bv@falter.at, service@falter.at
W: faltershop.at

Idee/Konzeption/Redaktion: Stephanie Godec

Autor*innen: Lukas Wieselberg, Stephanie Godec

Coverillustration: Julia Stern

Illustrator*innen: Nina Capitao (Historisches Zentrum der Stadt Salzburg), Karin Weinhandl (Schloss und Gärten von Schönbrunn), Hannelore Greinecker-Morocutti (Hallstatt-Dachstein/Salzkammergut), Valerie Tiefenbacher (Semmeringeisenbahn), Eva Pils (Stadt Graz - Historisches Zentrum und Schloss Eggenberg), Teresa Walentich (Wachau), Laura Feller (Historisches Zentrum von Wien), Barbara Tunkowitsch (Fertő-Neusiedler See), Katja Hasenöhrl (Prähistorische Pfahlbauten um die Alpen), Tobias Gossow (Alte Buchenwälder und Buchenurwälder), Julia Stern (Great Spa Towns of Europe), Simon Goritschnig (Grenzen des Römischen Reiches – Donaulimes)

Fachliche Beratung: Florian Meixner

Lektorat: Regina Danek

Grafik und Layout: Marion Großschädl

Produktion: Falter Verlag

Druck: Finidr, s.r.o., 73701 Český Těšín

Wir haben bei diesem Buch im Sinne der Umwelt auf die Verpackung mit Plastikfolie verzichtet.

Mit Unterstützung des

Bundesministerium
Bildung, Wissenschaft
und Forschung

Inhalt

Welterbe?

Welterbe ist ein Begriff, den viele kennen und mit der UNESCO in Verbindung bringen. Was sind aber Welterbestätten, wie erhalten sie ihren Status und welche Bedeutung haben sie? Die UNESCO, die Sonderorganisation der Vereinten Nationen für Bildung, Wissenschaft und Kultur, hat 1972 das UNESCO-Übereinkommen zum Schutz des Kultur- und Naturerbes der Welt ins Leben gerufen: die Welterbekonvention.

Historische Stadtzentren, besondere Kulturlandschaften, herausragende Bauwerke, Schutzgebiete für seltene Tier- und Pflanzenarten sowie archäologische Ausgrabungsstätten – sie alle sind schützenswert. Die Konvention definiert die Aufgaben der Staaten, sie zu bewahren. Mittlerweile stehen über 1.100 Welterbestätten auf der UNESCO-Welterbeliste, zwölf davon befinden sich – ganz oder zum Teil – in Österreich.

Damit Stätten in die Liste aufgenommen werden, müssen sie einen „außergewöhnlichen universellen Wert" aufweisen, also eine globale Bedeutung über regionale und nationale Grenzen hinweg. Außerdem müssen sie für gegenwärtige und für künftige Generationen der gesamten Menschheit von großer Wichtigkeit sein. Das Welterbe-Komitee, ein eigens eingerichtetes Gremium, entscheidet einmal im Jahr über die Aufnahme der Stätten. Die jeweiligen Staaten müssen neben dem Erhalt der Welterbestätten auch sicherstellen, dass junge Menschen etwas über deren Geschichte und über die Bedeutung des Schutzes von kultureller und biologischer Vielfalt lernen. Die nächsten Generationen sollen erkennen, dass sie Teil einer internationalen Gemeinschaft sind.

Bildung und Vermittlung spielen bei den UNESCO-Welterbestätten also zentrale Rollen – auch gemäß der Agenda 2030, den 17 Zielen für eine nachhaltige Entwicklung der Vereinten Nationen. Bildung ist der Schlüssel zu einer inklusiven, chancengerechten und nachhaltigen Gesellschaft. Wissen weiterzugeben und Bildung nachhaltig zu gestalten ist genauso wichtig wie unsere Kultur- und Naturdenkmäler zu erhalten. Um Bewusstsein für beides zu schaffen, ist das Buch „Wundersames Welterbe" entstanden. Es beschreibt den „außergewöhnlichen universellen Wert" der österreichischen Welterbestätten und lädt dazu ein, generationenübergreifend in Dialog zu treten.

Mag.[a] Patrizia Jankovic
Generalsekretärin der Österreichischen UNESCO-Kommission

Bildung!

Von der jahrtausendealten Pfahlbaukultur über die letzten Überreste von Buchen-Urwäldern bis zur geschichtsmächtigen Architektur in Wien, Graz und Salzburg: Diese Orte zeugen vom „Wundersamen Welterbe“ in Österreich. Sie sind Ausdruck von konzentriertem Wissen, das über Generationen hinweg weitergegeben wird und deshalb schützenswert ist.

Dieses Buch versucht, diese Orte mit ihrem außergewöhnlichen universellen Wert greifbar zu machen. Die zwölf österreichischen Welterbestätten haben allen etwas zu erzählen – generationenübergreifend sind auch die Texte konzipiert. Von der Elementarpädagogik bis zum lebenslangen Lernen – Bildung ist ein zentrales Anliegen der UNESCO. Vermittlung von Wissen ist keine Einbahnstraße, im Dialog von Erwachsenen und Kindern können beide voneinander lernen: Deshalb beginnt jedes Kapitel mit Hintergrundinfos zu einer Welterbestätte, die sich eher an Erwachsene richten. Im Anschluss folgen die Illustrationen mit kurzen Texten zum Vorlesen bzw. zum Selberlesen – eher für Kinder.

Die zwölf Illustrator*innen heben die Einzigartigkeit der einzelnen österreichischen Welterbestätten hervor. Jede*r von ihnen ist den Besonderheiten einer Welterbestätte nachgegangen und veranschaulicht sie im eigenen Stil. Die Bilder wollen zum genauen Hinsehen anregen: Wer sind die berühmten Künstler*innen, die sich in Hotels auf dem Semmering aufhielten? Welche Vogelarten tummeln sich rund um den Neusiedler See? Und was kann bei einem Spaziergang durch Graz alles entdeckt werden? Um Fragen wie diese zu beantworten, ist jedem Kapitel ein kleines Glossar nachgestellt.

Durch innovative und nachhaltige Wissensvermittlung versucht die Österreichische UNESCO-Kommission dem UNESCO-Gedanken gerecht zu werden: Leaving no one behind. Zugang zu Bildung, Chancengerechtigkeit und Möglichkeiten zum lebenslangen Lernen verbessern nicht nur unsere Lebensqualität, sondern fördern auch das Verständnis für eine nachhaltige Entwicklung unserer Gesellschaft und ein Bewusstsein für den notwendigen Schutz des „Wundersamen Welterbes“.

Mag.[a] Stephanie Godec
Referentin Fachbereich Bildung
Österreichische UNESCO-Kommission

Historisches Zentrum der Stadt Salzburg

Mit 28 Jahren zum Fürsterzbischof gewählt, mit 50 die halbe Stadt verändert: Wolf Dietrich von Raitenau hat ein bewegtes Leben geführt – und Salzburg um 1600 nachhaltig geprägt. Alte Residenz, Schloss Mirabell und Mozartplatz, diese und noch 65 andere Bauten oder Bauvorhaben gehen auf Wolf Dietrich zurück. Vor ihm eine spätmittelalterliche Stadt ließ er Salzburg zu einer frühbarocken Residenz umbauen.

Notwendig war dafür der Abriss alter Adels- und Bürgerhäuser. Nach dem Brand des alten romanischen Doms legte Wolf Dietrich auch den Grundstein für einen neuen, barocken Dombau. Geplant ähnlich groß wie der Petersdom in Rom, wurde die Kirche unter seinen Nachfolgern etwas kleiner ausgeführt. Federführend blieben berühmte Architekten jener Zeit wie Vincenzo Scamozzi. Salzburg wurde so zu einem zentralen Ort des Austausches von italienischer und deutscher Kultur in den Alpen.

Der namensgebende Salzabbau in der Region belebte im Mittelalter die Wirtschaft. Die Stadt wurde schon früh zu einem bedeutenden Bischofssitz. Im 12. Jahrhundert übernahmen die Bischöfe auch die weltliche Herrschaft – später als „Fürsterzbischöfe", so wie Wolf Dietrich. In mehreren Abschnitten ließen sie das Wahrzeichen der Stadt, die Burg Hohensalzburg, zu einer Festung erweitern – heute zählt sie zu den größten vollständig erhaltenen Burgen Mitteleuropas.

Kirchliche Stadtstaaten wie Salzburg hat es im Heiligen Römischen Reich einige gegeben. Der Architektur gewordene Mix von weltlicher und kirchlicher Macht ist hier aber außergewöhnlich gut erhalten geblieben – so lautete eine der Begründungen für die Entscheidung der UNESCO 1996, die Stadt in ihre Welterbeliste aufzunehmen.

Ebenfalls dafür wichtig war Salzburgs wohl berühmtester Sohn: Wolfgang Amadeus Mozart. Er lebte und arbeitete in Salzburg als Komponist – bis zum Bruch mit Fürsterzbischof Hieronymus von Colloredo, als er 25 Jahre alt war. Das Verhältnis zu seiner Geburtsstadt blieb immer getrübt, die Pflege von Mozarts Andenken begann erst lange nach seinem Tod – lebt heute aber etwa mit den Salzburger Festspielen fort.

Mit Bausteinen eine Stadt bauen: hier ein Schloss, dort einen Platz, dazu noch eine Reihe schöner Häuser. Im Spiel ist es leicht, eine neue Stadt zu erfinden. Für den Fürsterzbischof Wolf Dietrich war es aber mehr als ein Spiel. Vor 400 Jahren war er so mächtig, dass er Salzburg umgestalten ließ – komplett nach seinen Vorstellungen! Die Gebäude der Salzburger Bischöfe prägen die Stadt bis heute. Mit den vielen Türmen und Kuppeln, den engen Gassen und der gewaltigen Burg sieht Salzburg bis heute unverwechselbar aus.

Joannes Chrysostomus Wolfgangus Theophilus: So nannten ihn seine Eltern. Besser bekannt ist er als Wolfgang Amadeus Mozart. Seine Kindheit verbrachte der weltberühmte Komponist in der Getreidegasse in Salzburg. „Die Zauberflöte“, seine bekannteste Oper, schrieb er später in Wien. Nach der Figur Papageno wurde in Salzburg ein Platz benannt – und natürlich auch einer nach Mozart selbst.

1380

– Glossar –

Nach einem Brand 1598 wurde der Salzburger Dom in seiner heutigen barocken Form neu gebaut.

Mozart hatte zeit seines Lebens Haustiere – auch Singvögel.

Die Getreidegasse ist bekannt für ihre zahlreichen Zunftzeichen.

„Die Zauberflöte"

Papageno

Tamino

Königin der Nacht

Pamina

Sarastro

„Don Giovanni"

Donna Elvira

Commendatore

Don Giovanni

„Le Nozze di Figaro"

Figaro und Susanna

Cherubino

Schloss und Gärten von Schönbrunn

Spiegelzimmer, Chinesische Kabinette und Roter Salon drinnen, Orangerie, Tiergarten und Gloriette draußen: Jeder einzelne Bereich ist eine Besonderheit, zusammen bilden Schloss und Gärten von Schönbrunn ein untrennbares Ganzes. 1996 nahm die UNESCO deshalb beide als außergewöhnliches Beispiel eines Gesamtkunstwerks in ihre Welterbeliste auf: unter anderem wegen seiner einfallsreichen Architektur, der Ausstattung des Schlosses sowie des ausgeklügelten Ensembles von Gebäuden und Park.

Dieses Zusammenspiel können jedes Jahr Millionen Besucher*innen betrachten: Egal, wo sie in der rund 160 Hektar großen Parkanlage in Wien gerade schlendern, sie haben fast immer freien Blick auf das barocke Schloss. Gezielt wurden die Wege, die die Gebäude, Brunnen und Statuen verbinden, so angelegt, dass diese Blickachsen frei bleiben. So kann man heute noch die Absicht der Erbauer*innen nachvollziehen: Sie wollten den Anspruch absoluter Macht ausdrücken. Dem Willen des Monarchen oder der Monarchin sollten alle unterliegen, die Untertan*innen sowieso, aber auch die Natur. Symbolisch steht dafür der 1752 gegründete Tiergarten Schönbrunn, bis heute der älteste der Welt. Das Palmenhaus in seiner Nähe ist eines der größten seiner Art.

Tiergarten und Palmenhaus haben die Monarchie überlebt, Schönbrunn bleibt in jedem Fall für immer mit den Habsburgern verbunden. Die Gegend war ursprünglich ein Jagdrevier weit außerhalb der Stadtgrenzen Wiens. Ein kleines Jagdschloss wurde bei der Zweiten Wiener Türkenbelagerung 1683 schwer beschädigt, danach gab Kaiser Leopold I. den Auftrag, ein neues Schloss zu bauen. Geplant vom Architekten Fischer von Erlach wurde es aber erst über 50 Jahre später unter Maria Theresia zur kaiserlichen Sommerresidenz ausgebaut.

Von da an schrieb Schönbrunn Weltgeschichte: Franz I. schloss hier mit Napoleon 1809 den Frieden von Schönbrunn, sechs Jahre später tanzte hier der Wiener Kongress, Napoleons einziger Sohn starb 1832 im Schloss – ebenso Kaiser Franz Joseph I., der hier auch geboren wurde und durchgehend residierte. Sein Nachfolger Karl I. unterschrieb am 11. November 1918 jene Erklärung, mit der er auf die Fortführung seiner Staatsgeschäfte verzichtete – am nächsten Tag wurde Österreich zur Republik.

Heute ist Österreich eine Demokratie mit freien Wahlen. Wer gewählt wird, darf über Gesetze abstimmen, die für alle gelten. Vor über 100 Jahren war das anders: Damals herrschte ein Kaiser und entschied über die meisten wichtigen Dinge – Franz Joseph I. fast 70 Jahre lang! Geboren wurde Franz Joseph im Schloss Schönbrunn in Wien. Hier lebte er mit seiner Frau, Kaiserin Elisabeth („Sisi“).

Vor 250 Jahren hatten es Frauen schwer – selbst, wenn sie Herrscherinnen waren wie Maria Theresia. Ihr Vater hatte extra ein Gesetz eingeführt, dass auch eine Tochter Königin werden darf. Bis dahin durften das nur Söhne. Viele waren nicht damit einverstanden, aber sie setzte sich durch und beschloss viele neue Gesetze – etwa dass alle Kinder in die Schule gehen müssen.

Die Zoologie, also die Erforschung der Tiere, fasziniert viele Menschen – so auch Franz I. Stephan, den Mann Maria Theresias. 1752 ließ er den Tiergarten Schönbrunn planen und erbauen. Zu Beginn gab es nur exotische Vögel, da er keine fleischfressenden Tiere im Zoo wollte. Mit der Zeit kamen aber immer mehr Arten hinzu, unter anderem Elefanten, Bären und Giraffen: Heute sind es rund 700.

- Glossar -

Kaiser Franz Joseph I.

Kaiserin Elisabeth (Sisi)

Kaiser Franz I. Stephan von Lothringen

Maria Theresia von Österreich

Für den Bau und die Gestaltung von Schloss und Gärten waren im Laufe der Zeit viele Künstler*innen verantwortlich.

Eine Gloriette ist ein Gebäude in einem Garten, das auf einem Hügel steht.

Nicht nur im Tiergarten leben viele Tiere. Im ganzen Park sind unzählige Tiere beheimatet.

Die Farben für alle Illustrationen zu Schönbrunn sind aus Pflanzen hergestellt worden. Sie wurden aus Blättern, Früchten, Zapfen oder Rindenstücken gewonnen – sogar das Dunkelbraun und Schwarz wurden aus Schwarzerlenzapfen bzw. zerriebener Pflanzenkohle gemacht. Ligusterbeeren wurden zu blauer Farbe eingekocht, das Pink aus der dünnen Schale von Efeubeeren gemischt. Die Alleebäume und manche Kleider der Figuren wurden mit dem Naturselbstdruck angefertigt: Die Blätter werden dabei mit Pflanzenfarbe bemalt und direkt auf Papier abgedruckt.

Hallstatt-Dachstein/Salzkammergut

Schroffe Felswände, enge Täler, karstige Höhlen: Die Gegend rund um den Dachstein lud in der Vergangenheit wenig ein, sich dort niederzulassen. Dennoch siedelten sich bereits vor Tausenden von Jahren Menschen hier an. Grund dafür war Salz – damals wie heute eine Art weißes Gold.

Dass wir das wissen, liegt nicht zuletzt an Johann Georg Ramsauer. Der k.u.k. Bergwerksmeister entdeckte 1846 auf dem Salzberg bei Hallstatt ein eisenzeitliches Gräberfeld. Die rund 2.800 Jahre alten Skelette, Schwerter, Fibeln und anderen Grabbeigaben wurden bald einer „Hallstattkultur" zugerechnet. Der Fundort war so wichtig, dass er einer ganzen prähistorischen Epoche den Namen gibt. Das Salz hat dabei eine doppelte Rolle gespielt. Zum einen bauten es die frühen Menschen ab und lebten davon. Zum anderen konservierte es die Fundstücke aus dem Salzberg viel besser als anderswo.

Manche Funde stammen aus der Jungsteinzeit und machen das Salzbergwerk von Hallstatt zum ältesten der Welt. Im Mittelalter wurde die Salinenwirtschaft wieder intensiviert. Das Salz aus dem Salzkammergut bescherte den Habsburgern jahrhundertelang ein sicheres Einkommen – und prägte auch die Kulturlandschaft. Um das reine Salz aus der Sole zu gewinnen, musste man es erhitzen und dazu brauchte es Feuer. Das Holz dafür kam aus den Wäldern der Umgebung. Als sie kahlgeschlagen waren, baute man Anfang des 17. Jahrhunderts eine Rohrleitung, die von Hallstatt ins 40 Kilometer entfernte Ebensee führte. Erst dort wurde die Sole verarbeitet.

Die Gegend rund um das Dachsteinmassiv hat aber nicht nur eine lange Kulturtradition. Ihre natürliche Schönheit mit Almen, Seen und hochalpinen Bergen wurde im 19. Jahrhundert von Schriftsteller*innen wie Adalbert Stifter beschrieben und von Maler*innen wie Ferdinand Georg Waldmüller abgebildet. Sie machten die Region um den Hallstätter See populär und trugen dazu bei, dass früh eine Art Wellness-Tourismus entstand – mit Solebädern für die Gäste. Die Kombination von schöner Naturlandschaft und jahrtausendealter Kulturlandschaft hat die UNESCO dazu bewogen, das Innere Salzkammergut und die Region Hallstatt-Dachstein zum Welterbe zu ernennen.

Das Ei zum Frühstück schmeckt besser mit Salz. Und auch das Butterbrot am Abend. Zu viel davon ist zwar ungesund, aber seit es Menschen gibt, haben sie immer nach Salz gesucht – nicht zuletzt, weil man damit Fleisch haltbar machen kann. In Hallstatt am Dachstein wurde schon vor 3.000 Jahren Salz in großem Stil abgebaut. Das beweisen uralte Überbleibsel aus dem Bergwerk und von Gräbern in Hallstatt. Johann Georg Ramsauer fand diese Überreste schon vor ca. 170 Jahren. Der Bergwerksmeister legte mit seinen Mitarbeiter*innen fast 1.000 uralte Gräber frei. Die Skelette, Schwerter und anderen Grabbeigaben erzählen heute davon, wie die Menschen damals lebten.

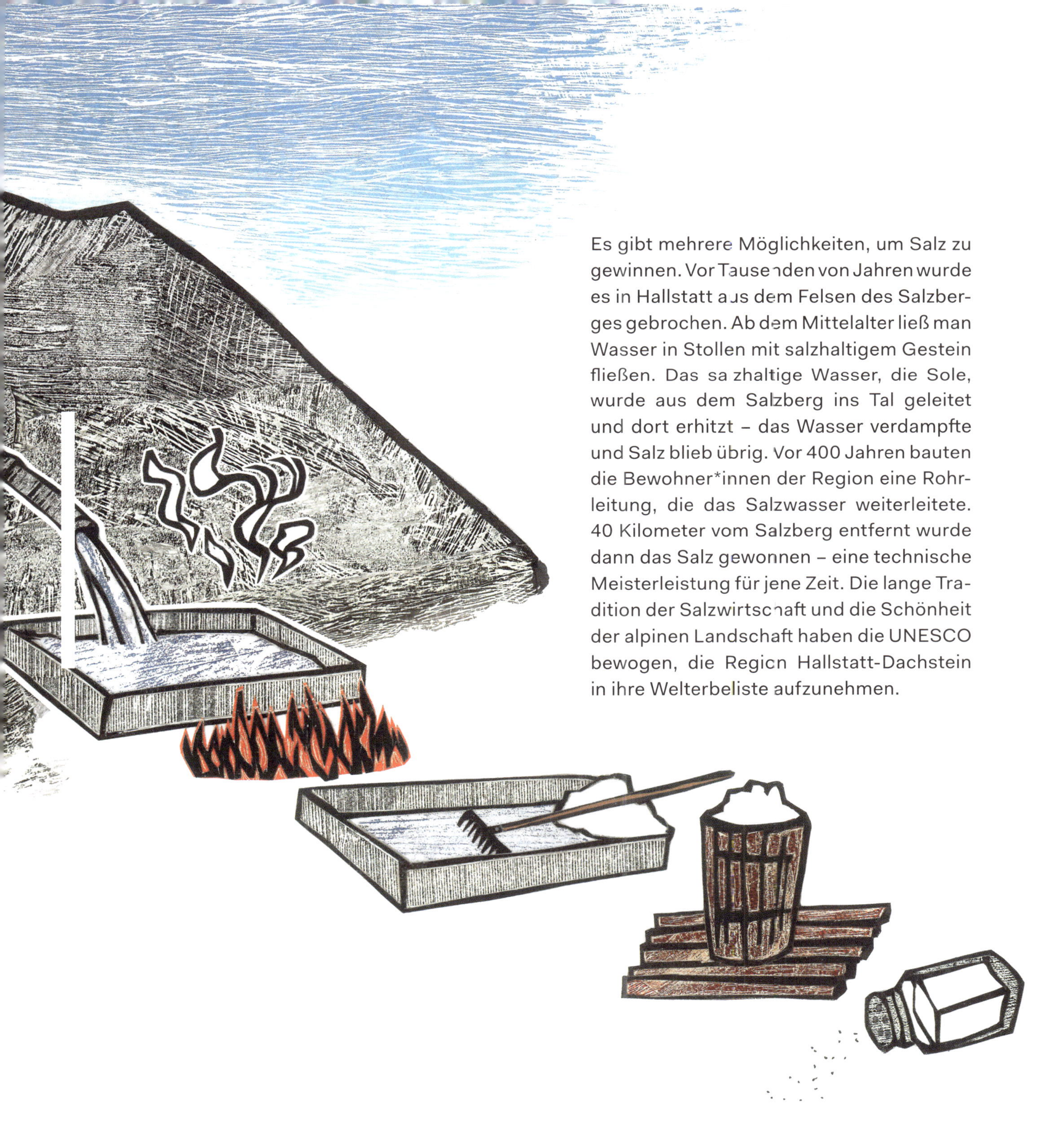

Es gibt mehrere Möglichkeiten, um Salz zu gewinnen. Vor Tausenden von Jahren wurde es in Hallstatt aus dem Felsen des Salzberges gebrochen. Ab dem Mittelalter ließ man Wasser in Stollen mit salzhaltigem Gestein fließen. Das salzhaltige Wasser, die Sole, wurde aus dem Salzberg ins Tal geleitet und dort erhitzt – das Wasser verdampfte und Salz blieb übrig. Vor 400 Jahren bauten die Bewohner*innen der Region eine Rohrleitung, die das Salzwasser weiterleitete. 40 Kilometer vom Salzberg entfernt wurde dann das Salz gewonnen – eine technische Meisterleistung für jene Zeit. Die lange Tradition der Salzwirtschaft und die Schönheit der alpinen Landschaft haben die UNESCO bewogen, die Region Hallstatt-Dachstein in ihre Welterbeliste aufzunehmen.

– Glossar –

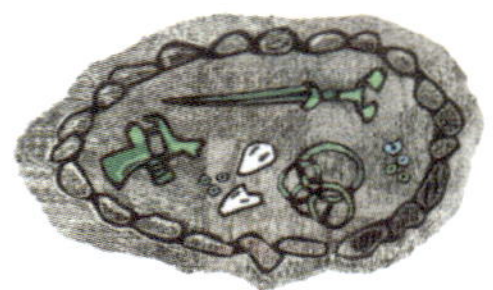

Ein Gräberfeld ist eine Ansammlung von Gräbern, ähnlich wie ein Friedhof.

Früher legte man Verstorbenen Gegenstände, sogenannte Grabbeigaben, mit ins Grab. Eine davon: das Kuh-Kälbchen-Schöpfgefäß aus Bronze. Es stammt möglicherweise aus dem Grab einer Priesterin oder Medizinfrau.

Der Dachstein ist mit 2.995 m der höchste Gipfel des Dachsteingebirges und gleichzeitig der höchste Gipfel Oberösterreichs und der Steiermark.

Sole ist in Wasser gelöstes Salz.

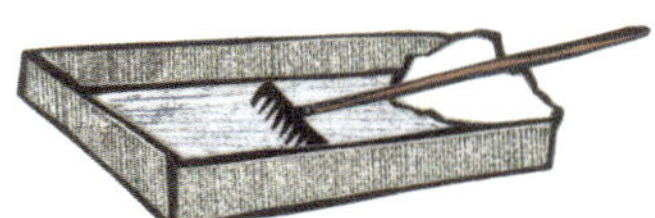

Die Sole wurde in riesigen offenen Pfannen mit ca. 150 Litern Fassungsvermögen verdampft, übrig blieb nur das Salz.

Das Salz wurde aus der Pfanne in den Salzkorb geschöpft. Dort blieb das Salz so lange, bis keine Sole mehr abtropfte. Danach wurde das Salz getrocknet.

Semmeringeisenbahn

Den berühmten Espresso trinken im Caffé Tommaseo am Hafen von Triest oder gleich vis-à-vis im Teatro Grande eine Oper genießen: Mitte des 19. Jahrhunderts blieb das auch für die vermögenden Wiener*innen zumeist ein Traum – zu lange dauerte die Anreise mit der Kutsche. Mit dem Bau einer direkten Eisenbahnstrecke von Wien nach Triest sollte sich das ändern. In zehn Stunden ging es dann von der k.u.k. Hauptstadt ab ans Meer.

Das ist natürlich eine Vorstellung des 21. Jahrhunderts. Beim Bau der Strecke ging es nicht um Tourismus oder Kultur, sondern um wirtschaftliche und militärische Transporte, die beschleunigt werden sollten. Die große Herausforderung: Zwischen Wien und Triest liegen viele Berge – allen voran der rund 900 Meter hohe Semmering-Pass.

Gestellt hat sich dieser Herausforderung Carl Ritter von Ghega. Der italienischstämmige Ingenieur plante eine 41 Kilometer lange Bahnstrecke, die zwischen Gloggnitz (NÖ) und Mürzzuschlag (Stmk.) einen Höhenunterschied von 450 Metern überwand – im 19. Jahrhundert eine technische Pionierleistung. Nötig waren dafür 14 Tunnel, 16 Viadukte und über 100 Überführungen – sowie die Arbeit von 20.000 Männern und Frauen, die die Strecke zwischen 1848 und 1853 erbauten.

Der Semmering war der schwierigste Bauabschnitt der Südbahnstrecke, die von Wien über Graz und Ljubljana nach Triest führte. Am 1. August 1857 verließ der erste Zug Wien Richtung Triest – am Semmering war man in knapp zwei Stunden. Die Nähe zu Wien, die sanfte Landschaft und das milde Klima führten dazu, dass sich die Region rasch zu einem Hotspot der gesamten Habsburgermonarchie entwickelte – zumindest für die, die es sich leisten konnten. Luxushotels wurden ebenso im „Semmeringstil" errichtet wie private Landhäuser und Villen. Illustre Gäste prägten den Ruf der Region – darunter Gustav Mahler, Oskar Kokoschka und Josephine Baker.

1998 nahm die UNESCO die Semmeringeisenbahn in ihre Welterbeliste auf. Gewürdigt wurde die bemerkenswerte Ingenieursleistung, die sich harmonisch in die alpine Landschaft einfügt und bis heute genutzt wird. Die neue Bahnstrecke erschloss das Gebiet um den Semmering als einen Ort der Erholung. Die damals entstandenen Bauten prägen bis heute die Landschaft.

Der Semmering ist ein Pass und 900 Meter hoch. Das klingt nicht viel, für eine Eisenbahn war das vor ca. 170 Jahren aber nicht zu überwinden. Bis Carl von Ghega eine verwegene Idee hatte. Der Ingenieur plante die Semmeringbahn – mit vielen Tunneln, Brücken und Überführungen sollte der Zug den Höhenunterschied überwinden. Die Strecke war so steil, dass dafür eigene Lokomotiven entwickelt werden mussten!

218
EICHBERG
KLAMM-SCHOTTWIEN
BREITENSTEIN
WOLFSBERGKOGEL

SEMMERING
610.
SEMMERING
896m.ü.A.
STEINHAUS
SPITAL
MÜRZZUSCHLAG
681m.ü.A.

Nun war es viel einfacher, von Wien auf den Semmering zu fahren – oder weiter bis nach Triest. In der italienischen Hafenstadt war die Endstation. Da der Semmering nun besser erreichbar war, kamen viele neue Gäste und verbrachten ihren Urlaub in der Natur. Weil mit der Semmeringeisenbahn eine technische Meisterleistung gelang, erklärte die UNESCO die Bahn zum Welterbe.

– Glossar –

Franz Werfel und Alma Mahler-Werfel: Schriftsteller, Komponistin

Weil Lokomotiven, wie die Engerth-Lokomotive Nr. 610, zu dieser Zeit so schwer waren und es noch keine automatischen Bremsen gab, mussten bis zu fünf Bremser*innen mitfahren.

Josephine Baker: Tänzerin, Sängerin, Schauspielerin, Aktivistin

Gustav Mahler und Alma Mahler: Komponist*in

Kaiserin Elisabeth (Sisi)

Die Hotels am Semmering sind von Weitem gut sichtbar und sind deshalb Wahrzeichen des Gebiets.

Oskar Kokoschka: Maler und Schriftsteller

Johannes Brahms: Komponist

Stadt Graz – Historisches Zentrum und Schloss Eggenberg

365 Außenfenster, für jeden Tag des Jahres; 24 Prunkräume, für jede Stunde des Tages; die vier Türme an den Ecken ausgerichtet nach den Himmelsrichtungen: Das gesamte Schloss Eggenberg bei Graz drückt den Glauben an eine tiefe, zahlenmagische Ordnung im Universum aus. Der Mensch kann diese Ordnung erkennen – so der zentrale Gedanke des Fürsten Hans Ulrich von Eggenberg, der 1625 den Bau des Schlosses beauftragte.

Die Familie Eggenberg war durch Handels- und Münzgeschäfte zu Reichtum gelangt. Das Schloss wurde zum Stammsitz des Adelsgeschlechts und ist mit seinen Sammlungen und weitläufigen Gärten heute das bedeutendste Barockschloss der Steiermark. Die Anlage liegt rund drei Kilometer westlich des historischen Zentrums von Graz, mit dem es als Welterbe eine Einheit bildet. Die Grazer Altstadt wurde bereits 1999 in die Welterbeliste der UNESCO aufgenommen, elf Jahre später folgte die Erweiterung um Schloss Eggenberg. Zusammen, so eine Begründung, sind sie ein herausragendes Beispiel für die harmonische Verknüpfung verschiedener Stile und Strömungen. In Graz findet sich herausragende Architektur aus allen Epochen, etwa die Doppelwendeltreppe aus der Gotik, das Landhaus aus der Renaissance oder das Luegg Haus aus dem Barock.

Die Grazer Architektur spiegelt die Geschichte wider. Am Schnittpunkt zwischen Alpen-, Balkan- und Mittelmeerraum gelegen, war die Stadt seit jeher ein Ort von Begegnung und Vielfalt. Graz stand seit Ende des 13. Jahrhunderts unter der Herrschaft der Habsburger, fast 300 Jahre lang war sie Residenzstadt Innerösterreichs. Kaiser Friedrich III., der letzte in Rom gekrönte römisch-deutsche Kaiser, erkor Graz im 15. Jahrhundert zu seiner Lieblingsresidenz. Das regte die Bautätigkeit ebenso an wie später die Konflikte mit den Osmanen. Festungsanlagen prägen das Stadtbild bis heute – allem voran der Uhrturm, bekanntester Überrest der Burg am Schloßberg.

Biber haben einen breiten, flachen und rötlichen Schwanz. Er sieht ein bisschen so aus wie eine bestimmte Art Dachziegel. Deshalb heißen diese auch „Biberschwanzziegel“. Im Zentrum der steirischen Landeshauptstadt gibt es ganz viele prunkvolle Häuser mit solch rötlichen Dachziegeln. Vom Uhrturm am Grazer Schloßberg aus kann man sie gut sehen. Auf dem Berg stand früher eine Burg – und die gab Graz ihren Namen. Denn „gradec“ bedeutet auf Slowenisch „kleine Burg“.

Menschen haben manchmal seltsame Vorlieben. Ein steirischer Fürst hat einmal ein ganzes Schloss gebaut wie einen Kalender: Das Schloss Eggenberg bei Graz hat zum Beispiel 365 Fenster und in jedem Stock 31 Räume, so wie die Anzahl der Tage eines Jahres bzw. Monats. Das Schloss ist bis heute fast in dem Zustand, wie es gebaut wurde. So gibt es auch noch kein elektrisches Licht. Ein Besuch am Abend ist nur bei Kerzenlicht möglich. Unter anderem weil das Schloss so gut erhalten ist, steht es auf der Welterbeliste der UNESCO – gemeinsam mit der Altstadt von Graz.

MERKUR
365 ×
31 ×
pro Stock
KALENDER
JAN FEB MARZ APRIL MAI
VENUS
DIANA

– Glossar –

Über die Figur des „Türken“ am Palais Saurau in der Sporgasse gibt es viele Legenden. Vermutlich wurde die Figur früher bei Ritterturnieren verwendet.

1692 kam zum ersten Mal ein Elefant nach Graz. Die Figur am Hauseck in der Neue-Welt-Gasse erinnert noch heute daran.

Der Panther ist das Wappentier der Steiermark und der Stadt Graz.

Die reich geschmückte Fassade in der Sporgasse ist viel jünger als das Haus, das sich dahinter verbirgt. In Graz ist das sehr oft der Fall.

Das „Luegg Haus“ mit seiner schönen Stuckfassade hat seinen Namen vermutlich vom „ums Eck Schauen/Lugen“.

Diese Abkürzung kann man zum Beispiel am Grazer Dom finden. Was Kaiser Friedrich III. damit gemeint hat, ist aber bis heute ein Rätsel.

Wachau

2.800 Kilometer vom Schwarzwald bis zum Schwarzen Meer: Wenn die Donau in die Wachau kommt, hat sie schon ein Drittel ihrer Gesamtstrecke hinter sich. Die 35 Kilometer zwischen Melk und Krems sind aber besonders spektakulär. Vor Jahrmillionen hat die Donau hier das Rumpfgebirge der Böhmischen Masse durchschnitten. Folgen waren steil aufschießende Felsen und ein gewundenes Flusstal. Zusammen mit einem milden Klima ergab das Lebensbedingungen, die die Menschen schon in der Altsteinzeit anzogen.

Die in der Wachau gefundene, knapp 30.000 Jahre alte „Venus von Willendorf" legt davon Zeugnis ab. Lange als Fruchtbarkeitssymbol gedeutet, geht die Forschung heute eher davon aus, dass die Statuette eine weise Großmutter darstellen soll – und spricht daher lieber von der „Frau von Willendorf".

Menschen haben also seit jeher in der Wachau gelebt. In der Antike verlief hier die Grenze des Römischen Reichs, das auch den Weinbau in großem Stil mit sich brachte. Im Mittelalter erlebte die Rebenkultur eine erste Hochblüte – dank eines idealen Mikroklimas mit viel Sonne und günstigen Winden sowie einer speziellen Anbaumethode: Um an den steilen Hängen Wein anbauen zu können, mussten erst Terrassen geschaffen werden; Steinmauern dazwischen schützen sie vor einem Abrutschen und speichern Wärme. Bis heute sorgt das für beste Anbaubedingungen von Wein und Obst.

Dieser Wirtschaftszweig hat die Region geprägt, die meisten Gemeinden der Wachau verdanken ihm ihren Ursprung. Mönche aus Bayern und Salzburg waren die Ersten, die die Hänge kultivierten. Klöster dominieren bis heute das Landschaftsbild der Wachau, etwa die Stifte in Göttweig und Melk, dazu kommen Burgen wie jene in Aggstein, Hinterhaus und Dürnstein.

Mit der Donau als schlängelndem Band und einer schroffen Felslandschaft entstanden „malerische" Ansichten. Dutzende Wachaumaler*innen entdeckten ab dem 19. Jahrhundert den Charme des damals noch mehrere Stunden von Wien entfernten Tals. Sie wurden zur Vorhut eines neuen Ziels für die Sommerfrische der Städter*innen. Natur und Geschichte verschmelzen in der Wachau zu einer harmonischen Kulturlandschaft. Diese Kombination hat die UNESCO veranlasst, sie in die Welterbeliste aufzunehmen.

In der Wachau kann man toll Rad fahren. Der Radweg neben der Donau ist flach, er führt aber immer wieder entlang steiler Berghänge. Vor langer Zeit haben Menschen Stufen in die Hänge gebaut – und auf denen wachsen nun Weintrauben. Der Traubensaft in einer Radpause schmeckt fantastisch, am besten zusammen mit einem Wachauer Marillenkuchen! Beim Radeln kommt man an vielen Burgen, Klöstern und Kirchen vorbei – und am berühmten Stift Melk.

Sie ist nur elf Zentimeter hoch und doch eine große alte Dame: die Frau von Willendorf. Vor 30.000 Jahren haben Menschen die kleine Steinfigur hergestellt! Es gab also damals schon Künstler*innen, die etwas darstellen wollten. Was genau, ist heute unklar. Sicher ist: Die Figur ist das wichtigste Überbleibsel aus dieser Urzeit in Österreich. Und auch in vielen anderen Ländern Europas wurden ähnlich alte Frauen-Figuren gefunden.

Heute ist die Burg Dürnstein eine Ruine. Vor 900 Jahren war sie aber eine wichtige Verteidigungsanlage – und hatte einen berühmten Gefangenen. Der englische König Richard Löwenherz saß hier im Gefängnis. Erst nachdem er ein hohes Lösegeld gezahlt hatte, kam er wieder frei. Mit dem Geld wurde Wiener Neustadt gegründet!

- Glossar -

Zwei beeindruckende Klöster befinden sich am Anfang und am Ende der Wachau: das Stift Melk mit seiner großen Kuppel und das Stift Göttweig hoch oben über der Donau.

Die Wachau ist berühmt für seine kleinen mittelalterlichen Orte. Die Gemeinde Spitz liegt ungefähr in der Mitte der Wachau.

Seit Hunderten von Jahren wird in der Wachau Wein angebaut. Weil die Hänge so steil waren und man sie schwer bearbeiten konnte, legte man Terrassen an.

Trockensteinmauern bestehen aus lose aufeinander geschichteten Natursteinen. In ihren Ritzen finden kleine Tiere wie Eidechsen, Wildbienen und Blindschleichen Unterschlupf.

Die Ernte der Wachauer Marille beginnt Mitte/Ende Juli und dauert rund drei Wochen.

Historisches Zentrum von Wien

In Wien tanzen alle Walzer, sind entweder grantig oder haben Schmäh: Die Liste der Klischees ist lang. Ob die Wiener*innen tatsächlich so sind, gilt es wohl im Einzelfall zu überprüfen. Sicher ist: Das Stadtzentrum Wiens ist etwas Besonderes. Am besten zeigt sich das aus der Vogelperspektive. Von oben sieht man die historische Entwicklung besonders gut – ausgedrückt in Straßen und Gebäuden verschiedener Epochen.

Allen voran die Römer*innen, die in der gesamten Innenstadt Spuren hinterließen. Der „Graben" etwa markiert eine Grenze des Heerlagers Vindobona, wo tausende Soldaten lebten. Ab dem dritten Jahrhundert ergänzte eine zivile Vorstadt im Bereich des heutigen dritten Bezirks das Militärlager. Nach einer Zeit relativer Bedeutungslosigkeit begann im Mittelalter der Aufschwung. Die Babenberger*innen machten Wien zu ihrer Residenz, stifteten Klöster und errichteten eine Stadtmauer. Die verwinkelten Gassen um den gotischen Stephansdom gehen auf die mittelalterliche Handelsstadt zurück. 1365 gründete der Habsburger Rudolf IV. die Universität Wien, heute die größte im deutschen Sprachraum.

Wien wurde kaiserliche Hauptstadt der Habsburger*innen. Im Konflikt mit dem Osmanischen Reich errichteten sie Festungsanlagen, die das Stadtbild veränderten; Ring und Gürtel erinnern noch heute an diese Zeit. In der Barockzeit setzte ein wahrer Bauboom ein – Belvedere, Karlskirche und viele andere Paläste und Kirchen waren die Resultate. Die nächste große Veränderung erfolgte in der Gründerzeit ab 1850. Die Donau wurde reguliert und die alte Stadtmauer abgerissen. An ihre Stelle trat ein Boulevard mit prächtigen Gebäuden und Gärten – die Ringstraße.

Um 1900 erlebte Wien eine Blütezeit von Kunst, Literatur und Wissenschaft – die „Wiener Moderne" strahlte in die ganze Welt. Den Ruf als kulturelles Zentrum hatte die Stadt freilich schon viel länger, allem voran in der Musik. In Wien wirkten Mozart, Beethoven, Schubert und Schönberg – sowie Marianna von Martines, eine Schülerin Joseph Haydns, die in Vergessenheit geriet. Für das Ensemble aus Geschichte, Städtebau, Architektur, Kultur und Musik erklärte die UNESCO 2001 das historische Zentrum Wiens zum Welterbe.

Eine Stadt wie Wien wird nicht auf einmal gebaut. Ganz im Gegenteil! Straßen, Gebäude und Gärten – sie alle stammen aus verschiedenen Jahrhunderten und erzählen von der oft turbulenten Geschichte der Stadt. Wie jene von Herzog Rudolf, der sich wichtiger machen wollte, als er in Wirklichkeit war. Also nannte er sich „Erzherzog". Den Titel gab es bis dahin aber eigentlich gar nicht – er hat ihn einfach erfunden! Außerdem wollte er seine Stadt größer und bedeutender machen. Ihm verdankt der Stephansdom seinen hohen Turm und die Stadt die Gründung der Universität Wien.

Im Mittelalter wurde rund um die Innenstadt eine Mauer gebaut. In ihrer Mitte: der Stephansdom, der bis heute alle Häuser des alten Wiens überragt. In der Barockzeit wurde alles größer und prächtiger. Immerhin wohnte der Kaiser mit seiner Familie in Wien! Viele der eindrucksvollen Kirchen, Paläste und Parks stammen aus dieser Zeit. Und nicht nur das: Viele Künstler*innen kamen und verwandelten Wien in eine Stadt voller Musik.

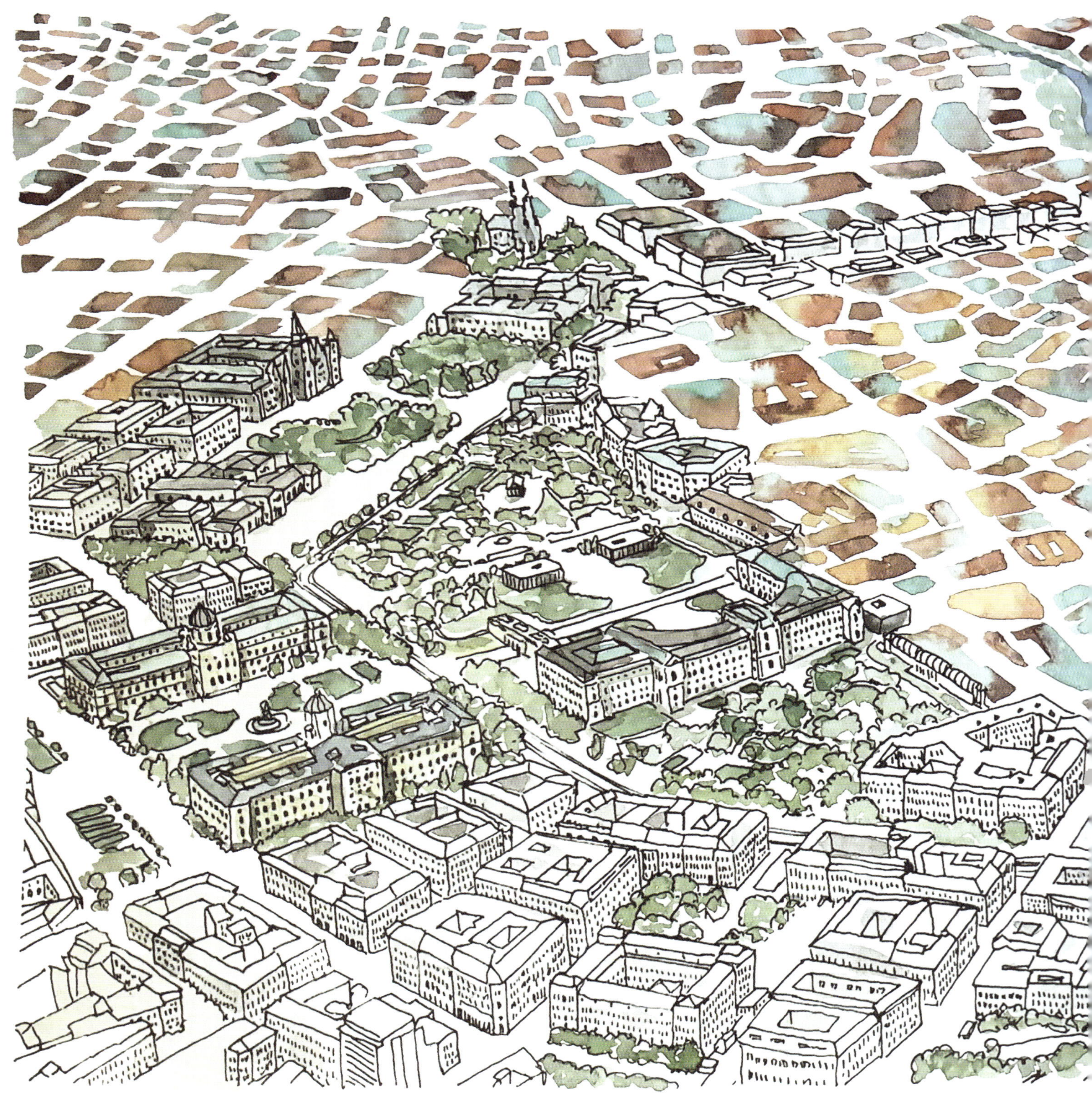

Wo früher die Stadtmauer verlief, liegt heute die Ringstraße. Seit 150 Jahren stehen hier viele schöne und wichtige Gebäude: etwa das Parlament und das Rathaus, wo Politiker*innen wichtige Entscheidungen treffen, das Burgtheater und die Staatsoper und die Universität, an der tausende Menschen studieren. Im Naturhistorischen Museum stehen riesige Dinosaurier, und die Urania ist eine Sternwarte – hier kann man tief ins Weltall schauen.

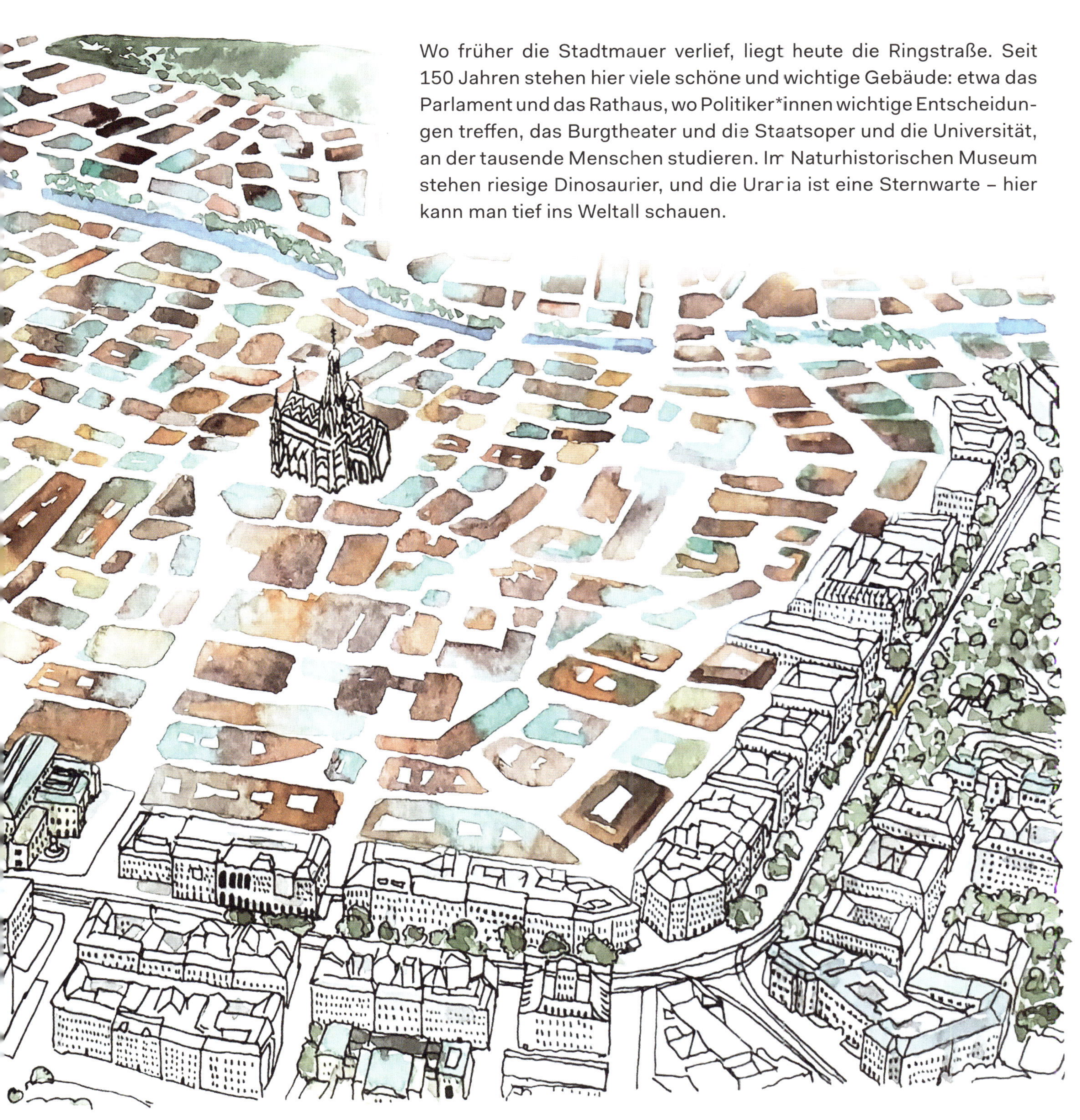

– Glossar –

Der liebe Augustin ist eine Fantasiefigur. Viele kennen ihn durch das Lied „O du lieber Augustin“.

Prinz Eugen von Savoyen ließ das Schloss Belvedere bauen. „Belvedere“ ist Italienisch und bedeutet „schöne Aussicht“.

Die Kunstwerke und die Gebäude des Barock sind stark geschmückt. Gebäude haben oft viele Verzierungen.

In Wien lebte unter anderem der berühmte Musiker Antonio Vivaldi.

Die Ruprechtskirche ist die älteste Kirche Wiens.

Der Architekt Johann Bernhard Fischer von Erlach entwarf viele bedeutende Gebäude, unter anderem die Karlskirche.

Die Hofburg war im Mittelalter eine Festung.

Herzog Rudolf IV. ließ den Stephansdom vergrößern und gründete die Universität Wien.

Die Karlskirche ist eines der berühmtesten barocken Bauwerke.

Wappen der Stadt Wien

Fertő-Neusiedler See

Der Neusiedler See ist so etwas wie ein internationaler Vogelflughafen. Alljährlich treffen sich hier Zugvögel auf ihren Routen zwischen Nordeuropa, Sibirien und Afrika. Für Birdwatcher*innen ist die Gegend ein Paradies – sie erfreuen sich an Purpurreihern, Säbelschnäblern, Uferschnepfen und noch über 300 anderen Vogelarten.

Wiesen, Salzlacken und der dichte Schilfgürtel des Neusiedler Sees haben zu einer unglaublichen Vielfalt in der Tier- und Pflanzenwelt geführt. See und Seewinkel sind Naturschutzgebiet. Zum UNESCO-Welterbe zählt die Region um den Neusiedler See seit 2001 aber als Kulturlandschaft – die vom Menschen und der Natur gleichermaßen geformt wurde. Hier trafen sich seit jeher nicht nur Zugvögel, sondern seit mindestens 8.000 Jahren auch verschiedene Kulturen.

Durch die Region verliefen vorgeschichtliche Handelswege, noch vor Ankunft der Römer*innen lebten hier Kelt*innen und Illyrer*innen von Viehzucht und Ackerbau. Spuren der römischen Provinz Pannonien sind heute zahlreich, weniger Funde gibt es aus der Zeit danach, als Hunnen, Ostgoten und andere Ethnien durch die Gegend zogen. Nach einer Periode magyarischer Herrschaft prägten die Konflikte mit den Osmanen die Siedlungen: Befestigte Städte wie Oggau oder Purbach wurden ausgebaut, die Region dennoch massiv verwüstet. Der wirtschaftliche Aufschwung im 18. Jahrhundert zog eine rege Bautätigkeit nach sich. Die Paläste der Adelsfamilien Esterházy und Széchenyi zeugen bis heute davon.

Im 20. Jahrhundert wurde die Region in einen österreichischen und einen ungarischen Teil getrennt. Kulturell und wirtschaftlich blieben sie auf lange Sicht aber verbunden. So ist es kein Zufall, dass Fertő-Neusiedler See zu den – eher seltenen – grenzüberschreitenden Welterbestätten zählt. Obst- und Weinanbau herrschen da wie dort vor, fruchtbare Böden und ein günstiges Klima sorgen für beste Qualität. Auch die Architektur ist länderübergreifend: Viele Orte rund um den See mit Presshäusern, Streckhöfen und Kellergassen bilden immer noch historische Ensembles. Bedeutsame Gebäude finden sich etwa in Rust mit seinen prächtigen Renaissance- und Barockfassaden und einer fast vollständig erhaltenen Stadtmauer sowie in Fertőd, wo eines der größten Rokokoschlösser Ungarns steht.

Ein See, in dem man überall stehen kann? An der Grenze von Österreich und Ungarn gibt es so etwas: den Neusiedler See, der auf Ungarisch „Fertő“ heißt.

Um den Neusiedler See leben Menschen schon seit vielen tausend Jahren. Sie bauen Obst und Wein an, dabei hilft ihnen das gute Wetter. Denn hier scheint die Sonne so oft wie nirgendwo sonst in Österreich.

Wenn man im Frühling oder im Sommer nach Rust kommt, fällt eines sofort auf: Auf fast allen Dächern leben Störche in ihren Nestern. Aber auch sonst ist die Stadt besonders: Als die Ruster*innen selbst über ihre Stadt bestimmen wollten, kauften sie die Stadt dem König einfach ab – und zwar mit Wein!

Der Neusiedler See ist von Schilf umgeben. Dort tummeln sich viele Tiere, vor allem Vögel. Im dichten Schilf können sie sich wunderbar verstecken, Nester bauen und finden auch viel zum Fressen.

- Glossar -

Das Schloss Fertőd gehörte der Adelsfamilie Esterházy und befindet sich in Ungarn.

Die Ziehbrunnen um den See sind eine traditionelle und alte Methode zur Wasserversorgung.

Streckhöfe sind die typische Häuserform in dieser Region und haben ihren Namen von ihrer „gestreckten", langen Form.

Purpurreiher

Uferschnepfe

Säbelschnäbler

Löffler

Stelzenläufer

Drosselrohrsänger

Weißstorch

Graugans mit Jungen

Prähistorische Pfahlbauten um die Alpen

Ein Häuschen am See ist heute der Traum von vielen. Die Lebensbedingungen in Ufernähe fanden Menschen schon vor 7.000 Jahren anziehend. Am Ende der Eiszeit begannen sie, das alpine Vorland zu besiedeln. An Seen bohrten sie Pfähle tief in den Boden und setzten darauf ihre Häuser. In den Pfahlbauten waren sie vor Überschwemmungen geschützt, aber auch vor Raubtieren und Eindringlingen. Die Lage am Wasser war außerdem ideal, um mit Siedlungen an anderen Uferteilen Handel zu treiben – eine Bootsfahrt war leichter als der oft beschwerliche Weg über Land.

Ob diese Beschreibung jemals Realität war, ist jedoch unklar. Der Forschungsstand zu den Pfahlbauten ist noch sehr lückenhaft – so ist bis heute nicht klar, ob sie sich am Ufer oder im Wasser befunden haben. Fakt ist allerdings: Heute liegen viele Zeugnisse dieser prähistorischen Gesellschaften unter Wasser, und das hat zu ihrer Konservierung beigetragen. Organische Materialien wie Tierhäute, Holzgegenstände und sogar Essensreste haben die Jahrtausende überdauert, „eingelegt" im Wasser oder luftdicht im Moor verpackt. Aufgrund dieser Überreste lassen sich Rückschlüsse auf das Alltagsleben der Menschen aus der Jungsteinzeit bis zur Eisenzeit ziehen – etwa wovon sie gelebt und mit wem sie gehandelt haben.

So zeigt etwa die Untersuchung von Getreidefunden, dass die Pfahlbauer*innen schon vor 7.000 Jahren im Sommer und Winter unterschiedliche Getreidearten anbauten. Das erhöhte die Vielfalt und vermutlich auch die Ernteerträge. Analysen von konservierten Pollen wiederum geben Hinweise, wie sich die Pflanzenwelt im Lauf der Jahrtausende verändert hat – von den Erstbesiedler*innen nach der Eiszeit bis zur vollständigen Bewaldung. Die Menschen der Pfahlbaukulturen mussten die Wälder erst roden, um Platz für Ackerflächen zu schaffen – auch diesen Schluss legt die Untersuchung von Pollen nahe.

Über 1.000 Stelzensiedlungen sind bisher im Alpenraum bekannt, in der Schweiz, Frankreich, Deutschland, Italien und Slowenien. In Österreich sind es an die 30, sie liegen am Mondsee, Attersee und Keutschacher See. Fünf davon hat die UNESCO 2011 unter dem Titel „Prähistorische Pfahlbauten um die Alpen" in ihre Welterbeliste aufgenommen, insgesamt zählen 111 Fundorte in sechs europäischen Staaten zu dieser Welterbestätte.

Ein ungebetener Gast macht den uralten Pfahlbauten zu schaffen: der Zander! Die Holzpfähle sind für den Fisch nämlich ideal, um zwischen ihnen seine Eier abzulegen. Dabei wirbelt er den weichen Boden auf – und gefährdet so die empfindlichen Fundstücke!

PFAHLBAUTEN
JUNGSTEINZEIT
KUPFERZEIT
BRONZEZEIT
EISENZEIT
ANTIKE
MITTELALTER
NEUZEIT
7000
5000
4000
3000
2000
1000
500
0
500
1000
1500
2000

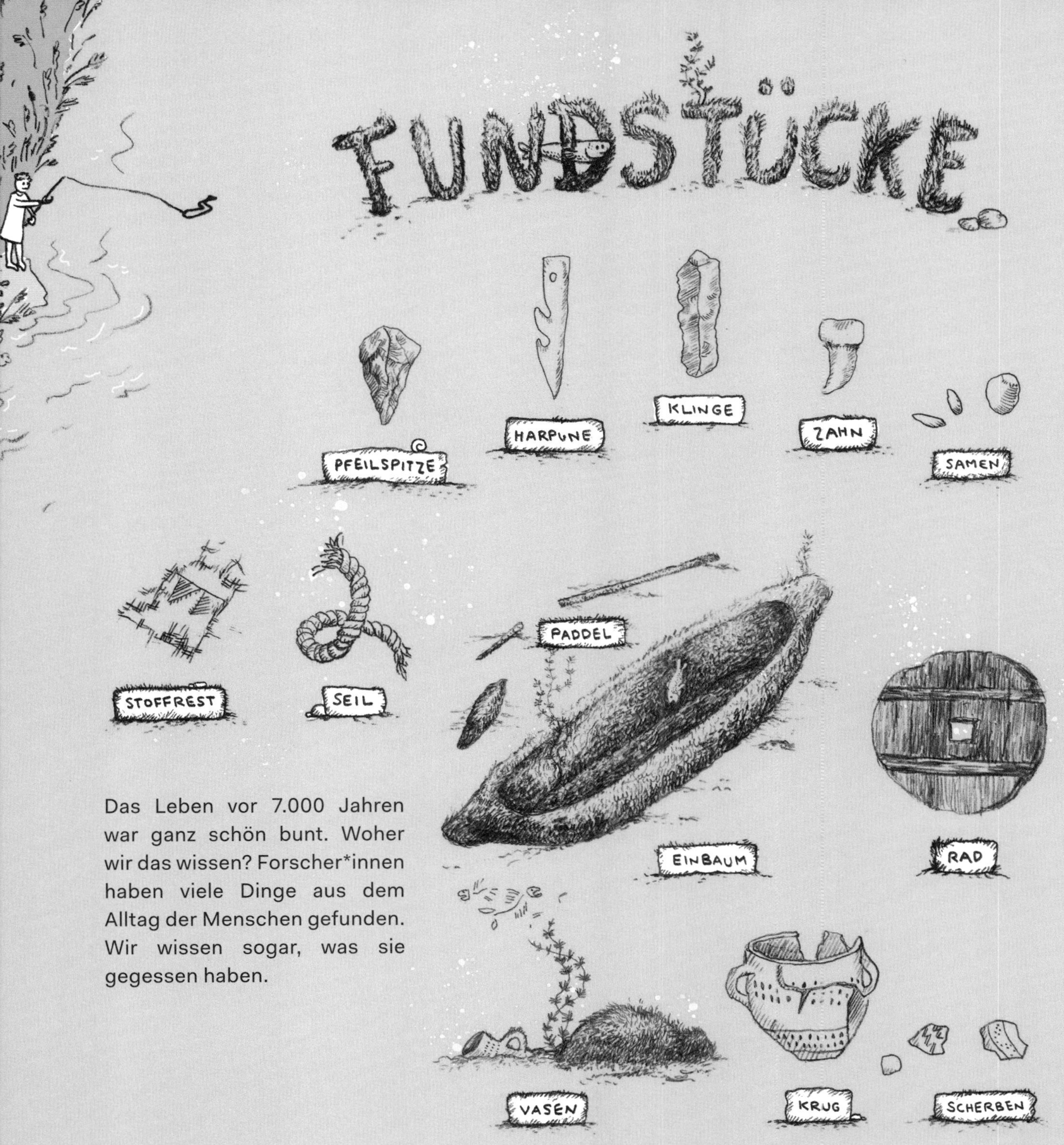

Das Leben vor 7.000 Jahren war ganz schön bunt. Woher wir das wissen? Forscher*innen haben viele Dinge aus dem Alltag der Menschen gefunden. Wir wissen sogar, was sie gegessen haben.

– Glossar –

Früher nähten Menschen ihre Kleidung mit Nadeln aus Knochen oder Fischgräten.

Der Zander kann zehn bis 20 Jahre alt werden.

Ein Einbaum ist ein einfaches Boot, das aus einem einzelnen Baumstamm geschnitten wird.

Die unscheinbaren Samen geben Auskunft, welche Pflanzen früher in der Nähe der Siedlungen gewachsen sind und wovon sich die Pfahlbauer*innen ernährt haben.

Aus vielen einzelnen Scherben konnten ganze Gefäße nachgebaut werden.

Alte Buchenwälder und Buchenurwälder der Karpaten und anderer Regionen Europas

Gutenberg revolutionierte den Buchdruck, das Oströmische Reich endete und eine Rotbuche begann in Oberösterreich zu wachsen: Das geschah alles ungefähr zur gleichen Zeit im 15. Jahrhundert. Jene Buche im Nationalpark Kalkalpen gilt heute als älteste ihrer Art in Europa.

Nach der letzten Eiszeit waren vier Fünftel Europas mit Wald bedeckt, vorwiegend mit Rotbuchen. Die Wälder hatten die Eiszeit im Süden des Kontinents überlebt und begannen sich auszubreiten: vom Atlantik bis zu den Karpaten, vom Balkan und dem Apennin bis nach Südschweden. Nicht zuletzt wegen des Klimawandels dringen die Buchenwälder auch heute noch nach Norden vor.

Beschränkt haben diese Ausbreitung in erster Linie die Menschen. Das Waldgebiet schrumpfte im gleichen Maße, wie die Menschen Platz für Acker- und Weideflächen benötigten. Von der Steinzeit an war Holz der wichtigste Rohstoff zum Bauen und ein unentbehrliches Brennmaterial. Heute besteht Europa nur noch zu einem Drittel aus Wald, der Großteil davon wird von Menschen bewirtschaftet. Von den ursprünglichen Buchenurwäldern sind nur noch Teile übrig. Sie bilden gemeinsam mit etwas weniger alten Wäldern, die aber nur geringe Spuren menschlicher Eingriffe zeigen, ein Weltnaturerbe in mehreren Staaten.

Die österreichischen Teilgebiete hat die UNESCO 2017 in ihre Welterbeliste aufgenommen. Dazu gehören alte Buchenwälder im Nationalpark Kalkalpen in Oberösterreich und der Rothwald. Dieser rund vier Quadratkilometer große Buchenurwald liegt im Wildnisgebiet Dürrenstein im Grenzgebiet von Niederösterreich und der Steiermark. Der Bankier und Philanthrop Albert Freiherr von Rothschild hatte den Wald 1875 erworben und ihn vor dem Zugriff der Forstwirtschaft bewahrt.

Buchenwälder sind nicht nur an sich schützenswert, in ihnen leben auch sehr viele Arten: neben Habichtskäuzen, Wildschweinen und Gämsen fallweise auch Luchse und der seltene Weißrückenspecht. Da in den unberührten Wäldern viel Totholz liegt, bieten sie auch Insekten ideale Lebensbedingungen – etwa dem Alpenbock, einem unter Naturschutz stehenden Käfer.

Albert Rothschild war vor 150 Jahren einer der reichsten Männer Europas. Seiner Familie gehörte eine große Bank. Das ermöglichte ihm auch viele Hobbys: So hatte er eine eigene Sternwarte und eine eigene Radfahrhalle. Auch die Natur lag ihm sehr am Herzen. Er kaufte einen der letzten Buchen-Urwälder – und ließ ihn unberührt. Bis heute steht der Wald unter strengem Naturschutz.

Die Früchte von Buchen heißen Bucheckern. Wenn Menschen zu viele davon essen, wird ihnen übel. Mäuse, Wildschweine und Vögel können hingegen von Bucheckern gar nicht genug bekommen. Damit sie nicht alle auffressen, haben sich die Buchen einen Trick ausgedacht. Ungefähr alle sieben Jahre bilden sie mehr Früchte aus, als die Tiere wegputzen können – und somit können neue Bäume wachsen.

– Glossar –

Albert Freiherr von Rothschild

Die Früchte der Buche, die Bucheckern, fallen auf den Boden und es beginnen langsam neue Bäume zu wachsen.

Buchecker

Luchs

Gämse

Weißrückenspecht

Der Alpenbock steht unter Naturschutz.

Baumschwämme

Great Spa Towns of Europe

Ein Erwachsener besteht fast zu zwei Dritteln aus Wasser – kein Wunder, dass das nasse Element so belebend wirkt. Gleichgültig, ob man es als Mineralwasser trinkt oder als Dampf inhaliert, ob man ein heißes Bad nimmt oder im kalten Becken kneippt: Wasser hilft dabei, gesund zu bleiben oder zu werden. In Kurorten und Heilbädern haben sich die vielen Wellness-Aspekte von Wasser konzentriert – und dabei entwickelte sich eine eigene Kultur.

Neben Badeanlagen, Trinkhallen und Behandlungshäusern verfügen die Kurstädte auch über ein reichhaltiges Angebot an Vergnügungen: vom Kur-Café über Theater und Musikhäuser bis zum Casino. Diese Kombination von Erholung und Amüsement begann sich in Europa im 18. Jahrhundert zu entfalten. Zwar bauten die Kurstädte auf einer Tradition auf, die mit Thermalquellen bis in die Antike zurückreicht. Nun aber entwickelte sich ein neuer Typ Stadt, der nicht nur die Bade- und Kuranlagen umfasste, sondern auch große Teile der Infrastruktur wie Hotels, Promenaden und Parks. Zentrale Bestandteile waren zudem Wald- und Erholungsgebiete zum entspannten Flanieren.

Elf dieser Kurstädte in sieben europäischen Ländern hat die UNESCO 2021 in ihre Welterbeliste aufgenommen. Neben Karlovy Vary (dt. Karlsbad) in Tschechien, Vichy in Frankreich und Bath in England befindet sich darunter auch Baden in Österreich. Schon die alten Römer*innen nannten die Stadt nahe Wien wegen ihrer warmen Schwefelquellen vielsagend „aquae“ (Wasser). Zum bedeutsamen Kurort wurde sie, nachdem Franz, letzter römisch-deutscher und erster Kaiser von Österreich, dort zu Beginn des 19. Jahrhunderts seine Sommerresidenz eingerichtet hatte. Viele Adelige folgten dem Ruf in die Sommerfrische, dazu Angehörige des wirtschaftlich aufstrebenden Bürgertums und zum Teil auch weniger Privilegierte – Stiftungen ermöglichten auch ihnen einen Besuch des Kurorts

Die „Great Spa Towns of Europe“ waren auch Treffpunkte von Kultur, Wissenschaft und Politik. Zumindest im Sommer machten sie so den großen Metropolen und Hauptstädten Konkurrenz. Die Kurorte waren Pioniere des modernen Tourismus und pflegen eine lebendige Tradition von etwas, das man heute Wellness nennt.

~ WAS

HÄNDE waschen

DUSCHEN

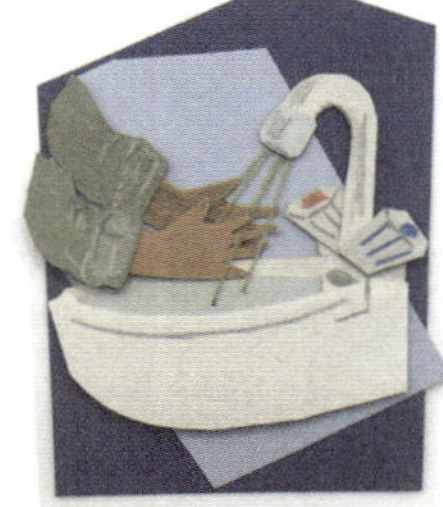

SAUBERKEIT trägt dazu bei, gesund zu bleiben

GESUND bleiben …

direkt VON DER QUELLE trinken

TRINKEN

… zur ERFRISCHUNG

MINERAL-WASSER

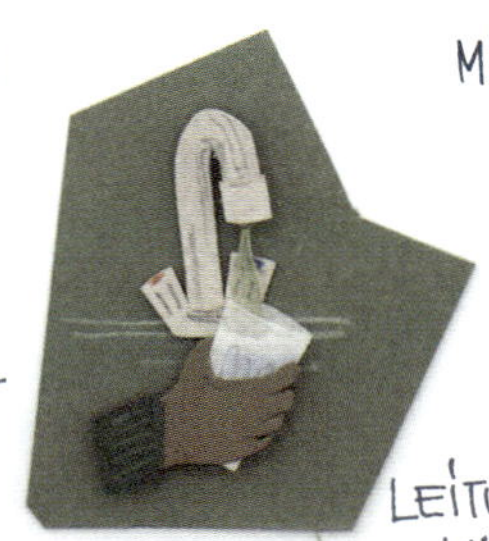

LEITUNGS-WASSER

tägliche REINIGUNG

WASCHLAPPEN

WASCHTISCH

SCHWAMM

SEIFE

BÜRSTE

KRÄUTER

baden im ZUBER

BADEKLEIDUNG

ER ~

GESUND werden...

KRÄUTERTEE

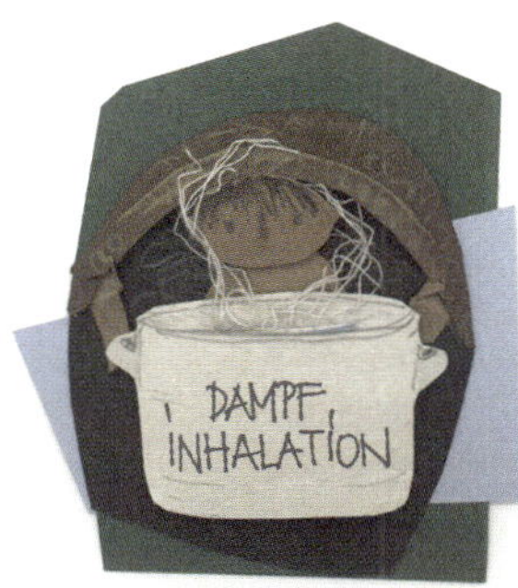

heißes BAD

DAMPFBAD

kalter KOPFGUSS

KALTE ANWENDUNGEN nach Kneipp

WASSERTRETEN

KUR-CAFÉ
LOGE A
HOTEL
QUELLE
KUR-APOTHEKE
TRINKHALLE
CASINO

eine große

KURSTADT
BADEANLAGE
WANDELHALLE

- Glossar -

Wandelhallen sind wie ein wetterfester Spazierweg, wo sich Besucher*innen aufhalten können.

Die Gäste in den Kurstädten wollten nicht nur gesund werden, sondern suchten auch Unterhaltung. Die fanden sie in Theatern oder Casinos.

Parks und Gärten bieten Erholung in der schönen Natur.

Die wohltuenden Dämpfe sind gut bei Erkältung, Husten und Schnupfen.

Früher machten Menschen häufig eine Trinkkur. Das heißt, sie tranken Wasser aus Heilquellen regelmäßig über einen längeren Zeitraum. Während des Trinkens sollte man langsam hin- und hergehen, deshalb entstanden parallel zu den Trinkhallen auch sogenannte Wandelhallen.

Der Zuber ist ein großes Gefäß mit zwei Henkeln, das einen Ofen zum Erhitzen des Wassers hat – eine Vorform der heutigen Badewanne.

Grenzen des Römischen Reiches – Donaulimes (Westlicher Abschnitt)

Grenzen haben immer eine doppelte Bedeutung: Zum einen grenzen sie ab, sollen vor Gefahren schützen und Unterschiede betonen. Zum anderen grenzen sie aber immer auch an – sind somit Ausdruck von Nachbarschaft und Austausch. Das trifft auch auf den Limes zu: die rund 7.500 Kilometer lange Grenze, die in der Antike das Römische Reich umgab.

Im heutigen Österreich bildete die Donau den Limes. Südlich des Flusses war das Römische Imperium, nördlich lebten germanische Stämme. Ihr Gegensatz war in der Realität geringer als oft angenommen. Zwar gab es im Lauf der Jahrhunderte immer wieder Überfälle und kriegerische Auseinandersetzungen. Der Donaulimes war aber auch Ort von Handel und friedlichem Kontakt.

In einem Abstand von zehn bis 30 Kilometern baute Rom ab dem 1. Jahrhundert Kastelle, Legionsfestungen und Wachtürme. Der norische Limes reichte von Passau bis Greifenstein, der pannonische Limes mit dem Legionslager Vindobona bis zur Provinzhauptstadt Carnuntum und dann weiter nach Osten. Die parallel zur Donau gebaute Limesstraße war wichtig für die schnelle Verlegung von Truppen – wie der Fluss war sie aber auch eine wichtige Handelsroute.

Von der dauerhaften Anwesenheit von Soldaten profitierten die lokale Landwirtschaft und der lokale Handel. Die Region um den Limes war im Vergleich wohlhabend und hoch entwickelt. Im Umkreis der Legionsfestungen entstanden zivile Siedlungen, die gemeinsam den Kern von heutigen Städten bilden, wie Linz, Enns, Tulln und Wien. Viele Teile der Befestigungsanlagen sind im Mittelalter verfallen, einige wurden aber in neue Siedlungen einbezogen und sind gut erhalten geblieben.

Der Limes ist eines der bedeutendsten Zeugnisse der Antike – und Ausdruck des Römischen Reichssystems, auf das europäische Strukturen bis heute zurückgehen. Mehrere Teile waren bereits auf der Liste des UNESCO-Welterbes vertreten, als der westliche Abschnitt des Donaulimes 2021 aufgenommen wurde. Er besteht aus 77 Teilen entlang der Donau zwischen Passau (Deutschland) und Iža (Slowakei). Österreich ist auf einer Flusslänge von rund 350 Kilometern mit 22 Orten vertreten.

Fast 1.500 Jahre lang gab es das Römische Reich. Als es am größten war, erstreckte es sich rund ums Mittelmeer – von Spanien bis zur Türkei, von Israel bis nach Marokko. Die Grenze des Reichs hieß „Limes“. An manchen Stellen bestand diese Grenze aus Schutzwällen, anderswo aus Bergen und Flüssen. In Österreich verlief der Limes entlang der Donau.

Carnuntum war in der Römerzeit die wichtigste Stadt in Österreich. Hier lebten tausende Soldaten, insgesamt 50.000 Einwohner*innen – und es gab ein riesiges Theater, wo Menschen und Tiere kämpften. Heute stehen von Carnuntum, 40 Kilometer von Wien entfernt, nur noch Ruinen. Sie waren Teil des römischen Limes. Auch in vielen anderen Städten erinnern Überreste an die Römerzeit, darunter in Wien, Linz und Tulln.

- Glossar -

Farbgebung der Gebäude und ihre Bedeutung:
Schwarz: Originale Mauern oder Gebäudeteile aus der Römerzeit, die heute noch stehen.
Grün: So sah das Gebäude in der Antike aus.
Braun: Diese Teile wurden in späterer Zeit (z. B. Mittelalter) ergänzt, erweitert oder überbaut.

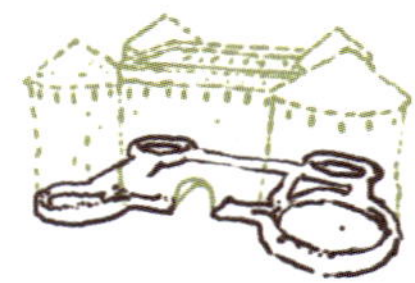

Oberranna/Stanacum
Kleinkastell

Schlögen
Römerbad

Hirschleitengraben
Wachturm

Lorch/Enns/Lauriacum
Basilika St. Laurenz

St. Johann im Mauerthale
Wachturm

Bacharnsdorf
Wachturm

Mautern/Favianis
Kastell

Traismauer
Römertor

Tulln/Comagena
Hufeisenturm

Zeiselmauer/Cannabiaca
Kastell

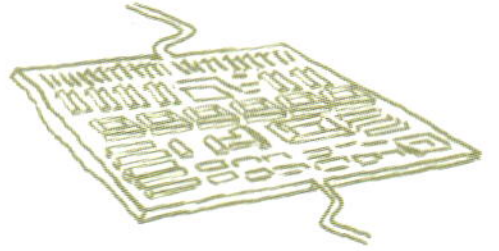

Wien/Vindobona
Legionslager

Petronell-Carnuntum
Heidentor

- Glossar -

Farbgebung der Gebäude und ihre Bedeutung:
Schwarz: Originale Mauern oder Gebäudeteile aus der Römerzeit, die heute noch stehen.
Grün: So sah das Gebäude in der Antike aus.
Braun: Diese Teile wurden in späterer Zeit (z. B. Mittelalter) ergänzt, erweitert oder überbaut.

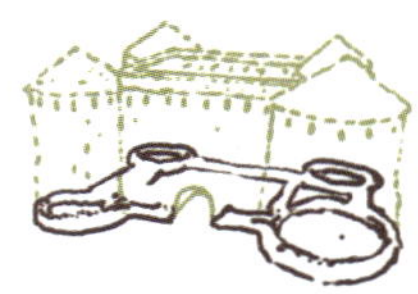

Oberranna/Stanacum
Kleinkastell

Schlögen
Römerbad

Hirschleitengraben
Wachturm

Lorch/Enns/Lauriacum
Basilika St. Laurenz

St. Johann im Mauerthale
Wachturm

Bacharnsdorf
Wachturm

Mautern/Favianis
Kastell

Traismauer
Römertor

Tulln/Comagena
Hufeisenturm

Zeiselmauer/Cannabiaca
Kastell

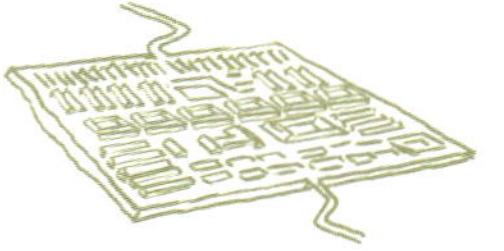

Wien/Vindobona
Legionslager

Petronell-Carnuntum
Heidentor